Cierre de operaciones de venta en el sector de las agencias de viajes. HOTT04

María Teresa Barberá Gómez

ic editorial

Cierre de operaciones de venta en el sector de las agencias de viajes. HOTT04
© María Teresa Barberá Gómez

1ª Edición

© IC Editorial, 2025

Editado por: IC Editorial
c/ Cueva de Viera, 2, Local 3
Centro Negocios CADI
29200 Antequera (Málaga)
Teléfono: 952 70 60 04
Fax: 952 84 55 03
Correo electrónico: iceditorial@iceditorial.com
Internet: www.iceditorial.com

ISBN: 978-84-1184-982-1
Depósito Legal: MA 1161-2025

Impresión: PODiPrint
Impreso en Andalucía - España

Nota de la editorial: IC Editorial pertenece a Innovación y Cualificación S. L.

Especialidad formativa

Se entiende por especialidad formativa la agrupación de contenidos, competencias profesionales y especificaciones técnicas que responde a un conjunto de actividades de trabajo enmarcadas en una fase del proceso de producción y con funciones afines.

Las especialidades formativas de Uso General, Formación Complementaria, Formación Modular y las especialidades formativas dirigidas a la obtención de certificados de profesionalidad se incluyen en el Fichero de Especialidades del Servicio Público de Empleo Estatal para su gestión en todo el territorio nacional por cualquier Administración competente.

Las especialidades complementarias, pertenecen todas a la Familia profesional de Formación Complementaria (FCO) y tienen la consideración de formación transversal en áreas que se consideran prioritarias tanto en el marco de la Estrategia Europea para el Empleo y del Sistema Nacional de Empleo como en las directrices establecidas por la Unión Europea. Se consideran áreas prioritarias las relativas a tecnologías de la información y la comunicación, la prevención de riesgos laborales, la sensibilización en medio ambiente, la promoción de la igualdad, la orientación profesional y aquellas otras que se establezcan por la Administración competente.

Las especialidades de Certificado de profesionalidad tienen una duración especificada en su normativa reguladora.

En el resultado de la búsqueda, se muestran las unidades de competencia, todos los módulos formativos con su duración y las unidades formativas del certificado correspondiente, con su duración. Las horas del certificado, exclusivo de las especialidades de certificado de profesionalidad, con alta igual o superior a 2008, son las horas totales más las horas del módulo de Prácticas Profesionales no Laborales.

➲ **Si la especialidad tiene unidades formativas,** las horas totales, presencial, distancia, teleformación serán igual a la suma de esas horas de las unidades formativas de los distintos módulos, sin que se repita ninguna Unidad formativa.

⮎ **Si la especialidad no tiene unidades formativas,** las horas totales, presencial, distancia, teleformación serán igual a las sumas de esas horas de los módulos formativos, eliminando las horas de los módulos repetidos.

https://sede.sepe.gob.es/especialidadesformativas/RXBuscadorEFRED/BusquedaEspecialidades.do

(Fuente: Servicio Público de Empleo Estatal)

Índice

OBJETIVOS GENERALES

Los objetivos generales del **HOTT04. Cierre de operaciones de venta en el sector de agencias de viajes,** son los siguientes:

- ⮞ Desarrollar técnicas de relación comercial orientadas a la consecución de operaciones de venta en el sector de las agencias de viajes.
- ⮞ Emplear estrategias efectivas de venta y argumentación comercial en las agencias de viajes para maximizar los ingresos y mejorar la satisfacción del cliente.
- ⮞ Desarrollar habilidades para manejar objeciones comunes durante el cierre de ventas.
- ⮞ Practicar las técnicas aprendidas en el cierre de una venta a través de análisis de casos y ejercicios de simulación.

Detección de necesidades de venta y argumentación comercial de las agencias de viajes: modelo teórico

Contenido

1. Introducción
2. Identificación de las fases de venta
3. Elaboración de argumentos comerciales
4. Resumen

Objetivos

El objetivo general de esta Unidad de Aprendizaje es:

→ Emplear estrategias efectivas de venta y argumentación comercial en las agencias de viajes para maximizar los ingresos y mejorar la satisfacción del cliente.

Los objetivos específicos de esta Unidad de Aprendizaje son:

→ Dominar las tres fases principales del proceso de venta en las agencias de viajes.

→ Desarrollar habilidades para la elaboración de argumentos comerciales efectivos, considerando tres aspectos fundamentales: características del producto, características del cliente y motivaciones de compra.

→ Desarrollar la capacidad de identificar las características de un producto turístico basado en sus atributos intrínsecos y extrínsecos.

1. Introducción

En el competitivo sector de las agencias de viajes, la clave para cerrar ventas exitosas radica en la habilidad para detectar y satisfacer las necesidades del cliente, así como en construir argumentaciones comerciales sólidas.

Comprender las motivaciones del cliente permite personalizar las propuestas, aumentando las posibilidades de cierre. El cierre de la venta es el resultado de un proceso bien ejecutado, asegurando una relación continua con el cliente.

En este sector, la elaboración de argumentos comerciales efectivos es crucial para vender una experiencia única que conecte emocionalmente con el cliente.

Este enfoque teórico-práctico que vamos a estudiar equipa a los futuros agentes de viajes con habilidades clave para crear experiencias memorables, superar expectativas y construir relaciones duraderas con los clientes, asegurando su fidelidad y satisfacción.

Durante el desarrollo de la unidad, nos basaremos en la agencia de viajes Aurora, una agencia *boutique* especializada en crear experiencias de viaje personalizadas, enfocada en la conexión emocional con el cliente y la superación de expectativas. Con más de 20 años de experiencia en el sector servicios, se mantiene a pesar de la alta competencia gracias al poder de gestión, la exquisita atención al cliente y el cierre de ventas efectiva.

2. Identificación de las fases de venta

 HILO CONDUCTOR

Al entender las diferentes fases de venta que caracterizan esta industria de viajes, los profesionales de ventas como Viajes Aurora, pueden adaptar sus estrategias de ventas para satisfacer las expectativas y las necesidades del cliente, mejorando a su vez la eficiencia de todo el proceso comercial.

A lo largo de esta unidad iremos identificando y analizando estas fases:

Identificación de las fases de venta en AA.VV.

Fase 1- Prospección
- Identificar y calificar clientes potenciales.

Fase 2- Preparación
- Recopilar y analizar información importante.

Fase 3- Primer contacto
- Establecer una conexión con los clientes.

Fase 4- Presentación
- Presentar servicios de manera efectiva.

Fase 5- Manejo de objeciones
- Abordar preocupaciones de los clientes.

Fase 6- Cierre de ventas
- Asegurar el compromiso del cliente.

Entender y trabajar cada una de estas fases de manera efectiva permite a los agentes de viajes no solo vender más, sino crear relaciones valiosas y duraderas con sus clientes, lo que en última instancia se traduce en un negocio sostenible y exitoso.

2.1. Detección de necesidades

Cada cliente tiene expectativas y deseos únicos; la habilidad del agente radica en captar esas necesidades, tanto explícitas como implícitas, mediante comunicación eficiente y análisis atento.

Te mostramos las diferentes técnicas para captar las necesidades de los clientes con ejemplos:

1. Primer contacto y conexión
- Por ejemplo, conexión empática con una pareja de personas mayores que quiere un crucero por las islas griegas.

2. Presentación y demostración
- El agente utiliza una presentación interactiva con vídeos y testimonios. Presenta un itinerario personalizado basado en sus preferencias.

3. Manejo de objeciones
- Ante las dudas o preocupaciones del cliente, el agente debe rebatir con argumentos; para ello, debe conocer el destino.

4. Cierre de la venta
- La pareja duda por el precio, pero el agente ofrece un descuento por reserva anticipada. La limitación de plazas motiva a la pareja a reservar rápidamente.

5. Seguimiento y fidelización
- Correo electrónico poscrucero con agradecimiento y promociones futuras, y contacto periódico con boletines y ofertas personalizadas.

 PARA SABER MÁS

La herramienta *Pains & Gains* es una técnica de análisis del cliente desarrollada por el consultor de innovación Alex Osterwalder. Sirve para entender al cliente al que nos dirigimos y para elaborar posteriormente una propuesta de valor adecuada a sus necesidades. Accede desde aquí a la propia web del autor.

https://redirectoronline.com/hott040106

2.2. Presentación de propuestas comerciales

Una vez identificadas las necesidades, el agente de viajes debe realizar una **propuesta comercial persuasiva** que capte la atención, se diferencie de la competencia y destaque la singularidad de la oferta. La propuesta debe incluir los siguientes componentes:

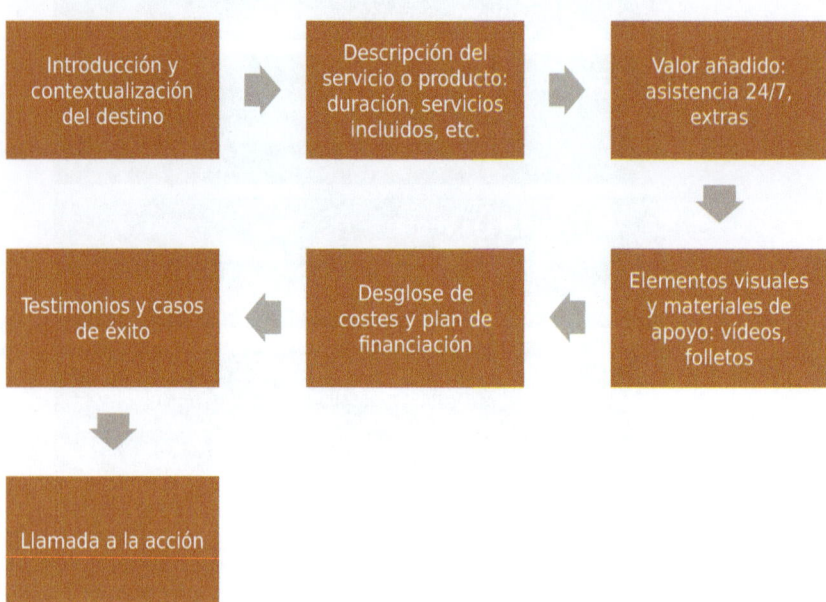

La presentación de la propuesta comercial puede llevarse a cabo de diferentes formas, mediante **reunión presencial** en la propia agencia con un **documento detallado,** o **reunión virtual**, conveniente para clientes de diferentes ubicaciones; a la vez que se deben aplicar diferentes estrategias clave para conseguir una propuesta impactante: **conoce al cliente, sé claro, adáptate culturalmente y haz seguimiento constante.**

 ACTIVIDAD COMPLEMENTARIA

1. Busca en internet ejemplos de agencias de viajes que ofrezcan servicios con valor añadido como un servicio personalizado, que proporcionen experiencias únicas o incorporen prácticas sostenibles. Tendrás que identificar al menos dos estrategias diferentes de valor añadido utilizadas por estas agencias.

2.3. Cierre de la venta

El cierre de la venta consiste en persuadir al cliente para que compre un paquete turístico u otro servicio ofrecido por la agencia, concretando así el esfuerzo realizado en la identificación de necesidades y la presentación de propuestas personalizadas.

Ziglar, H. H. (2001) destaca la importancia de la **motivación,** tanto para el cliente como para el vendedor, e identificó diversas técnicas de cierre de ventas para superar obstáculos en el proceso de venta:

Cierre directo

Adecuado para relaciones sólidas y señales claras de compra: "¿Le gustaría confirmar su reserva para estas fechas?".

Cierre alternativo

Dirige al cliente hacia un sí implícito al ofrecer opciones: "¿Prefiere el paquete que incluye excursiones guiadas o el que ofrece días libres para explorar?".

Cierre resumen

Refuerza el valor, resumiendo características y beneficios: "Para resumir, con este paquete tendrá vuelos directos, alojamiento en un hotel de cuatro estrellas y acceso a visitas exclusivas. ¿Le gustaría proceder con esta opción?".

Cierre por reflexión de beneficios

Enfoca un beneficio específico que el cliente valora: "Con este paquete, tendrá un guía exclusivo en sus visitas, como mencionó que apreciaría tener. ¿Le gustaría asegurar esta ventaja para su viaje?".

Cierre de escasez

Se basa en la urgencia o la escasez del producto o servicio: "Solo nos quedan dos habitaciones disponibles para esas fechas. ¿Le gustaría asegurar la suya ahora?".

Durante el proceso de cierre, es esencial prestar atención a las **señales ver-bales y no verbales** que el cliente pueda dar. Estas señales pueden indi-car la disposición del cliente para avanzar con la compra o la necesidad de abordar alguna **objeción** que aún persista.

IMPORTANTE

La confianza es esencial en el cierre de ventas de agencias de viajes. Se cons-truye mediante transparencia en la oferta, personalización del servicio y un sólido seguimiento posventa, asegurando la satisfacción del cliente y fortaleciendo su confianza en la agencia. Si consigues fidelizar al cliente, puedes ofrecerle ofertas puntuales conociendo sus preferencias de fechas de viaje, seguro que te contrata el viaje con menos objeciones.

3. Elaboración de argumentos comerciales

☞ HILO CONDUCTOR

Después de haber explorado la importancia del cierre de la venta, nos aden-tramos en un componente crítico para lograr ese cierre exitoso: la elaboración de argumentos comerciales.

La agencia de viajes Aurora sabe crear argumentos persuasivos basados en las características del producto y las necesidades del cliente, que no consiste solo en describir, sino en crear una experiencia única e inolvidable.

Tracy, B. (2005) subraya la importancia de **comprender la psicología del cliente** más allá de las técnicas de venta. Para ello, es necesario construir un relato que conecte los intereses del cliente con las soluciones de la agencia, comenzando con una investigación precisa de sus necesidades, que vere-mos en el siguiente apartado.

 **CONSEJO**

Sé claro y conciso: evita la jerga técnica y utiliza un lenguaje sencillo y fácil de entender. ¡Ve al grano!

Destaca los beneficios: enfócate en cómo tu producto o servicio puede resolver los problemas o satisfacer las necesidades del cliente. ¡Respalda tus afirmaciones!

Genera confianza: escucha atentamente al cliente, responde a sus preguntas y muestra empatía. ¡Conecta con el cliente!

3.1. Características del producto

Dentro del proceso de cierre de una venta, es crucial comprender las características del producto. Estas se dividen en **atributos intrínsecos** (calidad, funcionalidad y beneficios directos del producto turístico) y **extrínsecos** (marca, prestigio y valores asociados al producto). Estas características permiten a los agentes elaborar argumentos persuasivos y satisfacer las necesidades específicas de los clientes, tal y como se detalla a continuación:

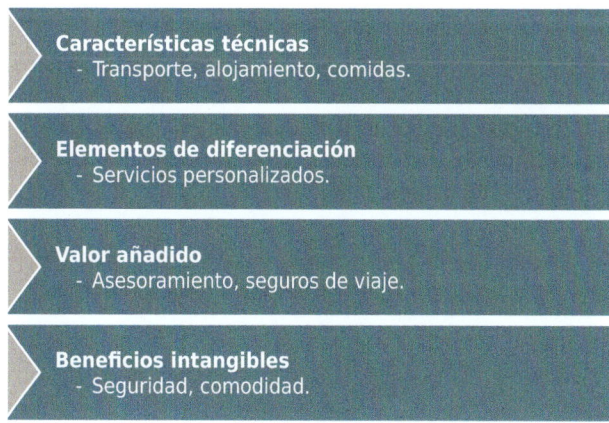

Continúa en página siguiente >>

<< Viene de página anterior

Sostenibilidad y responsabilidad social
- Prácticas sostenibles, comercio justo.

Precio y valor percibido
- Precio elevado, tarifa asequible.

Accesibilidad y reservas
- Plataforma de reservas, atención al cliente.

Confiabilidad y reputación
- Historia de la agencia, testimonios de clientes.

 TAREA 1

Imagina que eres un agente de Viajes Aurora y estás atendiendo a un cliente que busca un viaje exclusivo a Italia. Te ofrece la siguiente información según lo que ha visto en el folleto:

- Quiere un viaje cultural con visitas guiadas privadas a lugares emblemáticos como museos o catedrales, con una experiencia más personalizada y fuera del horario habitual para evitar aglomeraciones.
- Prefiere alojamientos con encanto en lugar de grandes cadenas hoteleras, por su sostenibilidad.
- Le interesa la gastronomía italiana de kilómetro cero y las experiencias locales como catas de vino o clases de cocina con chefs locales.
- Su presupuesto es de aproximadamente 2.000 € por persona.

Clasifica las características del producto turístico en atributos intrínsecos y atributos extrínsecos según la información proporcionada.

3.2. Características del cliente

Conocer al cliente al que se dirige la oferta permite satisfacer sus necesidades, perfeccionar las estrategias de venta y mejorar el servicio ofrecido. Para identificar las características del cliente, es esencial realizar una segmentación adecuada. Kotler y Armstrong (2017) afirman que esta segmentación puede realizarse considerando los siguientes criterios:

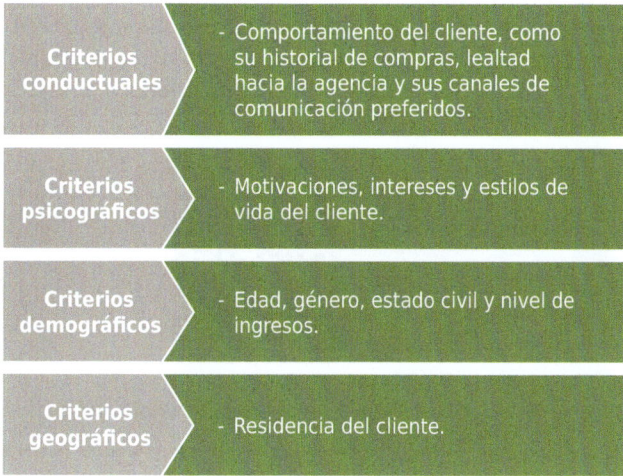

El comportamiento del cliente en turismo es diverso y se ve influenciado por factores personales y externos. Entender estas variaciones es crucial para adaptar estrategias de *marketing* y servicio en la industria turística; deben tenerse en cuenta:

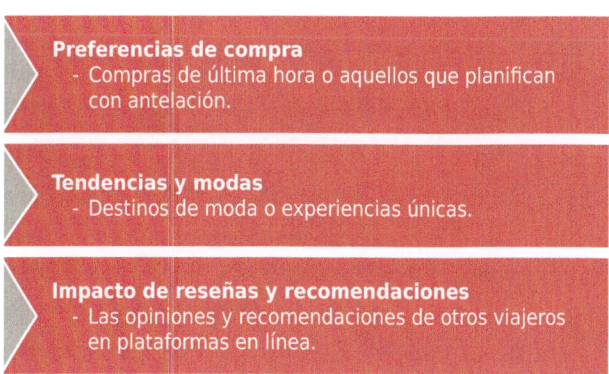

⊕ PARA SABER MÁS

Para mantenerte actualizado con las últimas tendencias y noticias del sector, te recomendamos visitar la siguiente plataforma que ofrece un *e-magazine* mensual exclusivo para agentes de viajes, con contenido interactivo que incluye entrevistas con turoperadores y cadenas hoteleras, consejos profesionales, y análisis del mercado turístico.

https://redirectoronline.com/hott040101

Es fundamental también entender las necesidades subyacentes y las expectativas de los clientes para conseguir la satisfacción del cliente. Algunos puntos que considerar son los siguientes:

Necesidades básicas
- La seguridad, la comodidad y la accesibilidad a información clara y detallada sobre productos y servicios.

Expectativas de experiencia
- Vivencia de experiencias memorables y personalizadas que sorprendan al cliente.

Requisitos específicos
- Problemas de salud, preferencias alimenticias o requerimientos de accesibilidad.

IMPORTANTE

Las agencias que logran adaptarse a las dinámicas especiales de su clientela, utilizando métodos de segmentación efectivos y manteniendo una comunicación constante y personalizada, poseen una ventaja competitiva significativa. Al conocer a los clientes en profundidad, las agencias pueden no solo cumplir con sus demandas inmediatas, sino también inspirar una lealtad duradera y fomentar experiencias turísticas excepcionales.

3.3. Motivaciones a la compra

Según Kotler (2000), las motivaciones de compra en el sector de los viajes se basan en los siguientes factores:

- **Motivaciones sociales:** los consumidores se ven frecuentemente influenciados por las opiniones y los comportamientos de su círculo social, incluyendo familia, amigos y colegas. Las redes sociales, donde las recomendaciones *online* y las valoraciones son fácilmente accesibles, amplifican estas influencias.
  Por ejemplo, un grupo de amigos decide hacer un viaje a Ibiza porque vieron fotos espectaculares en las redes sociales de otros conocidos y quieren vivir una experiencia similar. La agencia les ofrece paquetes grupales con actividades sociales como fiestas en la playa y tours compartidos, resaltando la oportunidad de crear recuerdos juntos. Enfoque de la agencia: destacar la diversión en grupo, las experiencias compartidas y la posibilidad de conocer gente nueva.
- **Motivaciones emocionales:** incluyen la búsqueda de felicidad, la necesidad de escape, el deseo de aventura y el anhelo de conexión social.
  Por ejemplo, una pareja busca una escapada romántica a un destino exótico para celebrar su aniversario. La agencia les ofrece un paquete a Maldivas con *bungalows* sobre el agua y cenas a la luz de las velas, enfatizando la creación de recuerdos inolvidables y la oportunidad de reconectar emocionalmente. Enfoque de la agencia: crear un ambiente de ensueño, apelar a los sentimientos y prometer experiencias únicas que generen felicidad y satisfacción.
- **Motivaciones prácticas:** giran en torno a la funcionalidad y la conveniencia del servicio ofrecido; esto incluye el precio, la facilidad de contratación, la flexibilidad de itinerarios y el soporte al cliente. Por ejemplo, un cliente de empresa en viaje de negocios necesita un viaje rápido y

eficiente a Nueva York para una conferencia. La agencia le ofrece vuelos directos, hoteles cercanos al centro de convenciones y traslados privados, priorizando la comodidad y la optimización del tiempo. Enfoque de la agencia: ofrecer soluciones prácticas y eficientes, enfocándose en la conveniencia y la funcionalidad del viaje.

- **Motivaciones psicológicas:** la actitud del consumidor, su percepción y el aprendizaje sobre el destino, una característica positiva puede influir en la percepción global del producto. Por ejemplo, una persona con un estilo de vida saludable busca un retiro de yoga en Bali para desconectar del estrés y encontrar paz interior. La agencia le ofrece un paquete con clases de yoga diarias, meditación, alimentación orgánica y tratamientos de *spa,* apelando a su deseo de bienestar y crecimiento personal. Enfoque de la agencia: conectar con los valores y las aspiraciones del cliente, ofreciendo experiencias que refuercen su identidad y su estilo de vida.

Esto empieza con una **escucha activa** en la detección de necesidades, pasando por la **formulación de preguntas abiertas** para descubrir los verdaderos deseos del cliente, y culminando en la oferta de **soluciones personalizadas** que se alineen con estas motivaciones.

Las herramientas tecnológicas modernas, como los sistemas CRM, pueden ser aliados invaluables en la recopilación y el análisis de datos del consumidor, ayudando a las agencias a entender patrones y adaptar sus estrategias de *marketing* en consecuencia.

 **VÍDEO**

En el siguiente vídeo podrás saber más sobre la escucha activa. Accede desde aquí.

https://redirectoronline.com/hott040102

APLICACIÓN PRÁCTICA

Un cliente menciona que quiere reservar un viaje a un destino de moda porque todos sus amigos han ido y han publicado fotos increíbles en redes sociales. Según los tipos de motivación estudiados, ¿qué tipo de motivación está influyendo principalmente en la decisión de este cliente?

Solución

La motivación social. Se refiere a la influencia de las opiniones y los comportamientos del círculo social (amigos, familia, colegas) en las decisiones de compra. En este caso, el cliente se ve influenciado por las experiencias y las fotos compartidas por sus amigos en redes sociales.

4. Resumen

La evolución del sector turístico ha generado un mercado más competitivo y exigente, con necesidades de clientes diversificadas. Comprender estas dinámicas es esencial para los profesionales que aspiran a destacar en la industria de los viajes. La unidad de aprendizaje busca proveer de las herramientas necesarias para abordar eficazmente estos desafíos.

Al entender las fases de la venta, los profesionales pueden identificar puntos clave para influir y conectar emocionalmente con sus clientes, proponiendo soluciones efectivas y personalizadas. Esto no se logra únicamente con el conocimiento del producto, sino también con una presentación sólida de propuestas comerciales que respondan directamente a las prioridades y las preferencias del cliente. Estas fases son:

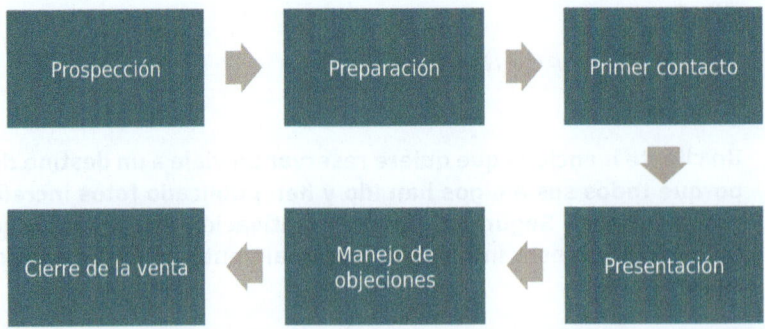

Por otro lado, desarrollar argumentos comerciales efectivos es algo más que exponer los beneficios de un producto o servicio. Requiere un conocimiento detallado de las características tanto del producto como del cliente potencial. Es aquí donde radica la importancia de conocer a fondo a los consumidores, quienes cada vez toman más decisiones basadas en factores más allá de lo tradicional, motivados por experiencias personalizadas y únicas. Podemos destacar los siguientes factores:

Factores personales	Factores externos
- Preferencias de compra - Necesidades básicas - Expectativas de experiencia - Requisitos específicos	- Tendencias y modas - Impacto de reseñas y recomendaciones

Ejercicios de autoevaluación
Unidad de Aprendizaje 1

1. **Indica las tres fases principales del proceso de venta en agencias de viajes.**

   a. Planificación, promoción y venta.
   b. Contacto, negociación y cierre.
   c. Detección de necesidades, presentación de propuestas y cierre.
   d. Investigación, desarrollo y *marketing*.

2. **Una técnica de argumentación comercial efectiva es:**

   a. Hablar sin parar.
   b. Personalización.
   c. Ignorar al cliente.
   d. Ser agresivo.

3. **¿Qué ventaja competitiva obtienen las agencias de viajes que se adaptan a las dinámicas de su clientela?**

   a. Reducción de costos operativos.
   b. Aumento de la publicidad en medios masivos.
   c. Capacidad para inspirar lealtad y fomentar experiencias excepcionales.
   d. Expansión rápida a nuevos mercados internacionales.

4. **¿Qué es la escucha activa?**

   a. Ponerse en el lugar del cliente.
   b. Prestar atención a las necesidades del cliente.
   c. Ignorar al cliente.
   d. Pensar en la siguiente pregunta.

5. ¿Qué papel juegan las preguntas clave en el cierre de ventas?

    a. Confundir al cliente.
    b. Guiar al cliente para descubrir los beneficios de la oferta.
    c. Interrogar al cliente.
    d. Evitar que el cliente hable.

Aplicación de técnicas de análisis y refutación de objeciones

Contenido

Objetivos

El objetivo general de esta Unidad de Aprendizaje es:

→ Desarrollar habilidades para manejar objeciones comunes durante el cierre de ventas.

Los objetivos específicos de esta Unidad de Aprendizaje son:

→ Conocer estrategias efectivas para analizar las objeciones de los clientes y aprender a refutar dichas objeciones.

→ Identificar y entender las preocupaciones de los clientes para reformular objeciones de manera positiva.

→ Utilizar comparaciones y similitudes para cambiar las percepciones de los clientes.

→ Manejar objeciones de clientes utilizando técnicas de reformulación y comparación.

1. Introducción

En el competitivo sector de las agencias de viajes, la habilidad para manejar objeciones durante el cierre de ventas es crucial. Lejos de ser obstáculos, estas objeciones son oportunidades valiosas para comprender en profundidad las necesidades del cliente, construir confianza y credibilidad, y fortalecer la relación comercial.

A través de técnicas de reformulación de preguntas y desmontar el porqué, los agentes pueden manejar la conversación para ilustrar el valor del producto o servicio en términos que encajen personalmente con el cliente. Es en este punto crítico donde el conocimiento y la habilidad para manejar las objeciones pueden marcar la diferencia entre cerrar una venta o perder al cliente.

A lo largo de esta unidad, seguiremos basándonos en el caso de Viajes Aurora y su necesidad de conocer estrategias efectivas para analizar las objeciones de los clientes.

2. Principales objeciones al cierre de la venta

👉 **HILO CONDUCTOR**

En Viajes Aurora, el precio suele ser más elevado que la media de agencias, pero saben destacar el valor añadido de su calidad de servicios personalizados, la experiencia de 20 años diseñando viajes únicos y el acceso a experiencias exclusivas que no se encontrarán en otras agencias; saben, por tanto, manejar las objeciones, un punto importante que desarrollar a continuación.

- -

Las **objeciones** más comunes que se presentan en las agencias, las **razones** detrás de estas y las **estrategias efectivas** para superarlas son:

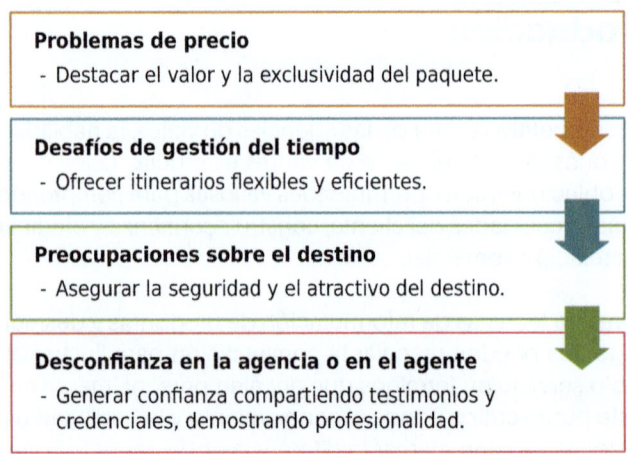

Problemas de precio
- Destacar el valor y la exclusividad del paquete.

Desafíos de gestión del tiempo
- Ofrecer itinerarios flexibles y eficientes.

Preocupaciones sobre el destino
- Asegurar la seguridad y el atractivo del destino.

Desconfianza en la agencia o en el agente
- Generar confianza compartiendo testimonios y credenciales, demostrando profesionalidad.

ACTIVIDAD COMPLEMENTARIA

2. Realiza una búsqueda en internet del Método SPIN de Neil Rackham. Presta especial atención a qué significan las siglas SPIN y cuáles son el tipo de preguntas que componen este método.

2.1. Precio

El precio es una de las objeciones más frecuentes que se dan antes del cierre de una venta, como hemos visto en el caso de Aurora. Los agentes deben entender cómo los clientes perciben el valor y usar técnicas de venta para justificar el precio y destacar los beneficios del viaje.

Las objeciones generalmente se originan en tres áreas clave: la **percepción de valor,** la **comparación competitiva** y el **presupuesto personal del cliente** (reconocer sus limitaciones financieras y ofrecer alternativas). Es importante conocer quién toma la decisión final dentro del grupo de clientes potenciales; esto permite a los agentes adaptar sus respuestas y argumentos a las prioridades específicas de esas personas clave.

EJEMPLO

Un cliente, Juan, está interesado en un viaje a la Riviera Maya y el agente de viajes le presenta dos opciones:

- Paquete A (económico): 1.400 € por persona, hotel 4 estrellas, todo incluido básico.
- Paquete B (valor añadido): 1.820 € por persona, hotel 5 estrellas con vista al mar, todo incluido *premium* con cenas *gourmet*, excursiones exclusivas a cenotes y ruinas mayas, acceso a *spa*.

Conversación:

Juan: El paquete A me parece bien, pero el B es un poco caro.

Agente: Entiendo, Juan. Ambos paquetes son excelentes, pero el B ofrece una experiencia significativamente superior. Imagínese despertar cada mañana con vistas al mar Caribe, disfrutar de cenas gourmet cada noche, y explorar cenotes y ruinas mayas en excursiones exclusivas. Además, podrá relajarse en el spa del hotel.

Juan: Suena muy bien, pero la diferencia de precio...

Agente: Veámoslo de esta manera, Juan. El paquete B cuesta 1.820 € por 7 noches, lo que equivale a 260 € por noche. El paquete A cuesta 200 € por noche. La diferencia es de solo 60 € por noche. Por solo 60 € adicionales, obtiene una experiencia mucho más lujosa y completa.

Juan: 60 € por noche no suena tan mal...

Agente: Exacto, Juan. Piense en todo lo que obtiene por esos 60 € adicionales: una habitación con vista al mar, cenas gourmet, excursiones exclusivas y acceso al spa. Es como si se diera un pequeño lujo cada día. Además, si comparamos los dos paquetes, el paquete B le ofrece las siguientes ventajas: vista al mar, servicio de comida premium y experiencias únicas, por solo 60 € adicionales por noche.

Juan: Tienes razón. El paquete B suena mucho mejor. Creo que vale la pena la inversión.

Agente: Excelente decisión, Juan. Estoy seguro de que tendrá unas vacaciones inolvidables.

Continúa en página siguiente >>

<< Viene de página anterior

En este ejemplo, el agente de viajes aplicó las siguientes técnicas:

- Resaltar el valor añadido: enfatizó los beneficios exclusivos del paquete B.
- Conversión de precio a beneficio: desglosó el coste total en un coste diario para minimizar la percepción de diferencia de precio.
- Comparación positiva: comparó los paquetes, mostrando que el paquete B ofrece más valor por solo 60 € adicionales por noche.

Al utilizar estas técnicas, el agente de viajes logró superar la objeción de precio de Juan y cerrar la venta del paquete B.

2.2. Tiempo

Para abordar la objeción de tiempo, primero es esencial identificar si se trata de una verdadera barrera o si es simplemente un pretexto. Algunos clientes utilizan el tiempo como excusa para cubrir otras preocupaciones no verbalizadas, como el precio, el miedo a lo desconocido o una falta de interés real en el producto. Una manera eficaz de clarificar esta situación consiste en dialogar abiertamente con el cliente y hacer preguntas que permitan descubrir las motivaciones reales detrás de su reticencia. Así, estas preguntas pueden estar enfocadas atendiendo a los siguientes aspectos:

- **Conveniencia y facilidad del servicio:** "Nuestro servicio está diseñado para ahorrarle tiempo y esfuerzo, especialmente en situaciones urgentes como esta. Nos encargamos de todos los detalles, desde la reserva de vuelos hasta la organización de su estancia y transporte en Japón, para que usted pueda concentrarse en su congreso".
- **Demostrar flexibilidad:** "Somos muy flexibles y podemos adaptarnos a sus necesidades específicas. Si tiene alguna preferencia o restricción, trabajaremos para encontrar las mejores opciones disponibles en este corto plazo. Podemos ajustar el itinerario para que se adapte perfectamente a su agenda".
- **Urgencia positiva:** "Es crucial actuar rápidamente para asegurar las mejores opciones disponibles. Actualmente, tenemos acceso a tarifas especiales y disponibilidad limitada en algunos de los mejores hoteles cerca del lugar del congreso. Reservar ahora le garantiza no solo un lugar, sino también posibles descuentos por reserva anticipada".
- **Formular preguntas estratégicas:** "Permítame preguntarle qué es lo más importante para usted en esta experiencia de viaje: ¿seguridad, calidad y conveniencia?".

◯ **Información clara y organizada:** "Le proporcionaré inmediatamente un documento detallado con todas las opciones disponibles, incluyendo fechas, itinerarios y actividades, para que pueda revisarlo y tomar una decisión informada rápidamente".

◯ **Historias de éxito:** "Para darle más confianza, permítame compartirle la experiencia de uno de nuestros clientes, María, que también necesitaba viajar a Japón con poca antelación para una conferencia. Gracias a nuestra gestión rápida y eficiente, pudo asistir al evento sin ningún contratiempo y quedó muy satisfecha con nuestro servicio".

2.3. Poder de decisión

El poder de decisión en el cierre de ventas es crucial para las agencias de viajes. Un cliente satisfecho no solo volverá a reservar, sino que también recomendará la agencia a familiares y amigos.

IMPORTANTE

El mundo de los viajes está en constante evolución. Nuevos destinos emergen, las tendencias cambian y la tecnología transforma la forma en que viajamos. Un agente de viajes debe ser adaptable, estar dispuesto a aprender nuevas herramientas y destinos, y mantenerse actualizado sobre las últimas tendencias del sector. Esto incluye desde dominar nuevas plataformas de reserva hasta conocer las regulaciones de viaje más recientes.

3. Técnicas de refutación de objeciones

HILO CONDUCTOR

Con respecto a la refutación de objeciones, Viajes Aurora se basa en su experiencia, personalización, confianza y valor añadido. Al utilizar estos pilares, pueden convertir las objeciones en oportunidades para demostrar su experiencia y construir relaciones duraderas con sus clientes.

Las objeciones, lejos de ser temidas, deben ser vistas como oportunidades para clarificar y mejorar el producto o servicio que se ofrece. Tal y como dice Hopkins, T. (2007) en su libro, «una objeción no es necesariamente un rechazo, sino más bien un paso hacia el cierre». A continuación, se presentan los pasos que seguir para aprender a refutar objeciones en el sector de agencias de viajes según este autor:

- ➥ **Escucha activa:** mostrar comprensión y empatía.
- ➥ **Clarificación:** verificar críticas recientes y ofrece alternativas.
- ➥ **Prueba social:** aportar comentarios de clientes satisfechos.
- ➥ **Valor añadido:** ofrecer servicios adicionales gratuitos.
- ➥ **Reformulación del posible inconveniente como un beneficio:** si el cliente pone un inconveniente sobre el hotel, el servicio, etc., el agente debe convertir el inconveniente en beneficio, haciéndole ver las posibles mejoras que se hayan podido implementar; para ello, debe informarse previamente sobre el hotel o el servicio.
- ➥ **Preguntas estratégicas:** intentar averiguar mediante preguntas del tipo "¿Qué es lo más importante para usted en su viaje de novios: la calidad del hotel, las actividades disponibles o quizás algo más?".
- ➥ **Comparación lógica:** resaltar la relación calidad-precio del paquete frente a la competencia.
- ➥ **Finalización de círculo:** realizar un resumen de la propuesta, repasar las preocupaciones o posibles críticas, comentar las posibles opciones e intentar cerrar la venta con preguntas del tipo: "¿Le gustaría proceder con la reserva de este paquete para su viaje de novios?".

Recordemos que cada objeción bien gestionada es un paso más cerca de convertir un *lead* en un cliente satisfecho y fiel.

 **DEFINICIÓN**

Lead

En un contexto comercial, un *lead* se refiere al contacto con un cliente potencial, también conocido como un prospecto.

3.1. Desmontar el porqué

En el ámbito de las agencias de viajes, comprender y abordar el porqué detrás de las objeciones de los clientes es esencial para cerrar ventas exitosamente. Esto implica:

> **Escucha activa**
> - Identificar las verdaderas preocupaciones, que pueden estar ocultas tras objeciones superficiales.

> **Abordar la raíz del problema**
> - Responder a la preocupación específica con información objetiva y persuasión ética.

> **Utilizar ejemplos concretos**
> - Compartir historias que concuerden con la experiencia del cliente para humanizar la oferta.

> **Corregir malentendidos**
> - Aclarar cualquier información errónea sobre la oferta de forma clara y concisa.

> **Mantener un enfoque colaborativo**
> - Posicionarse como un aliado del cliente, buscando soluciones juntos.

> **Ser paciente**
> - No todos los porqués se resuelven de inmediato, algunos requieren seguimiento.

 **APLICACIÓN PRÁCTICA**

Imagina que María, una clienta que quiere reservar un viaje a Tailandia, te dice: "No estoy segura de reservar ahora, he visto que otra agencia ofrece un precio ligeramente más bajo". ¿Qué acción no sería efectiva para abordar la objeción de María y ayudarla a tomar una decisión?

Continúa en página siguiente >>

<< *Viene de página anterior*

a. **Escuchar atentamente a María, preguntarle qué otros aspectos del viaje valora y comparar los servicios ofrecidos por ambas agencias.**
b. **Compartir con María testimonios de otros clientes que han viajado a Tailandia con tu agencia y han tenido experiencias positivas.**
c. **Decirle a María que el precio no importa y que tu agencia es la mejor, sin darle más explicaciones.**
d. **Ofrecer a María opciones de pago flexibles o servicios adicionales que justifiquen la diferencia de precio.**

Solución

c. Decirle a María que el precio no importa y que tu agencia es la mejor, sin darle más explicaciones. Esta acción va en contra de las técnicas estudiadas para abordar las objeciones de manera efectiva: escucha activa, abordar la raíz del problema, utilizar ejemplos concretos, corregir malentendidos, mantener un enfoque colaborativo y ser paciente. Esta opción ignora la preocupación del cliente, no ofrece valor, genera desconfianza y pierde la oportunidad de venta.

3.2. Reformular pregunta

En el apartado anterior, hablamos sobre cómo desmontar el porqué, lo cual implica identificar la raíz emocional e intelectual detrás de las objeciones del cliente. Una vez que hemos abordado esto, el siguiente paso lógico es reformular las preguntas para poder cerrar cualquier brecha perceptual que pueda existir entre el agente de viajes y el cliente.

Reformular preguntas ayuda a:

Clarificar objeciones y dudas
- Permite al agente identificar si la preocupación del cliente es general o específica.

Profundizar en las necesidades del cliente
- Ayuda a personalizar el itinerario.

Guiar el diálogo hacia el cierre de la venta
- La reformulación ayuda al cliente a priorizar sus necesidades y deseos, y facilita la decisión al enfocar la atención en los aspectos clave de cada paquete.

Existen diversas **técnicas** que permiten reformular preguntas de manera efectiva, estas son:

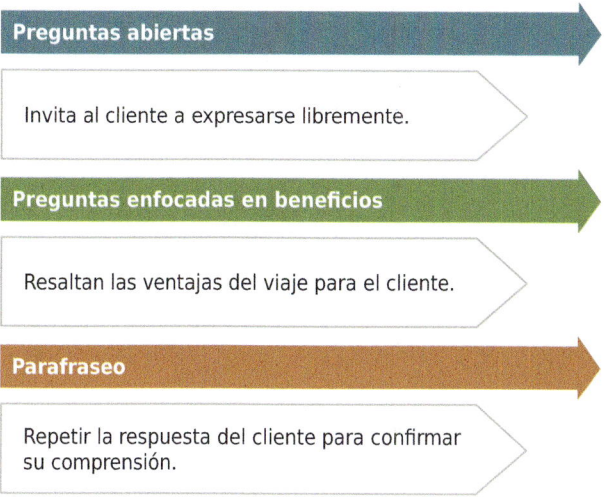

Preguntas abiertas

Invita al cliente a expresarse libremente.

Preguntas enfocadas en beneficios

Resaltan las ventajas del viaje para el cliente.

Parafraseo

Repetir la respuesta del cliente para confirmar su comprensión.

3.3. Comparación y similitud

Comprender y anticipar las preocupaciones del cliente es esencial. Utilizar **la comparación y la similitud** ofrece una manera estructurada y persuasiva de responder a estas inquietudes. Las comparaciones influyen en la percepción del valor y aumentan la probabilidad de una venta, según Cialdini, R. B. (2007). En el contexto de las agencias de viajes, la comparación permite resaltar las ventajas de un destino o paquete frente a otro, mientras que identificar similitudes refuerza la confianza del cliente en opciones menos conocidas.

IMPORTANTE

El agente debe conocer las características únicas de cada destino para poder resaltar sus ventajas y desventajas; debe saber comunicar la información de manera clara, precisa y atractiva; debe ser flexible con las necesidades del cliente, y proporcionar información honesta y veraz.

TAREA 2

Un cliente quiere contratar un viaje a Tailandia, pero menciona lo siguiente: «No estoy seguro de reservar ahora, he visto que otra agencia ofrece un precio ligeramente más bajo».

Atendiendo a la afirmación anterior, identifica de qué tipo de objeción se trata.

Indica dos técnicas de refutación de objeción que podrías utilizar para la reformulación de la objeción.

Construye una respuesta efectiva basada en comparación y valor añadido.

4. Resumen

Esta unidad de aprendizaje se enfoca en desarrollar habilidades para manejar objeciones comunes durante el cierre de ventas, como precios, tiempos y poder de decisión. El objetivo es transformar estas objeciones en oportunidades, fortaleciendo la relación con el cliente y aumentando las probabilidades de éxito en las ventas.

Para cerrar operaciones de venta exitosas en una agencia de viajes es fundamental conocer las estrategias para identificar y entender las preocupaciones de los clientes, reformular objeciones de manera positiva, utilizar comparaciones y similitudes para cambiar percepciones, y adaptar el enfoque a diferentes perfiles de clientes.

Este proceso estratégico, representado visualmente en el siguiente diagrama, destaca tres pilares fundamentales para lograr esa ventaja competitiva y el cierre exitoso de ventas en la agencia de viajes:

Ejercicios de autoevaluación
Unidad de Aprendizaje 2

1. **¿Cuál es el principal beneficio de manejar eficazmente las objeciones en el cierre de ventas en una agencia de viajes?**

   a. Reducir el tiempo dedicado a cada cliente.
   b. Evitar la necesidad de ofrecer descuentos.
   c. Construir confianza, comprender las necesidades del cliente y fortalecer la relación comercial.
   d. Aumentar la confianza del cliente para que compre.

2. **Cuando un cliente objeta el precio de un paquete de luna de miel, ¿cuál sería la mejor estrategia para el agente?**

   a. Bajar el precio inmediatamente para cerrar la venta.
   b. Ignorar la objeción y continuar describiendo las características del paquete.
   c. Reforzar el valor del paquete, detallando las experiencias exclusivas incluidas y cómo se alinea con sus expectativas.
   d. Decir que ese es el precio estándar y no se puede hacer nada al respecto.

3. **¿Cuál es la mejor manera de abordar una objeción de falta de tiempo por parte de un cliente interesado en un viaje?**

   a. Sugerir que llame cuando tenga más tiempo libre.
   b. Ofrecerse a encargarse de toda la planificación, minimizando el esfuerzo requerido por el cliente.
   c. Asumir que no está realmente interesado y pasar a otro cliente.
   d. Enviarle un folleto con información detallada.

4. **¿Qué no se debe hacer al manejar una objeción de precio?**

   a. Escuchar la preocupación del cliente.
   b. Justificar el valor del producto.
   c. Ofrecer descuentos sin conocer la objeción.
   d. Destacar los beneficios exclusivos.

5. ¿Qué técnica implica hacer preguntas adicionales para obtener más información sobre las inquietudes de un cliente?

    a. Comparación y similitud.
    b. Descuento agresivo.
    c. Reformulación de preguntas.
    d. Ignorar la objeción.

Puesta en práctica de las técnicas aprendidas en el cierre de una venta

Contenido

Objetivos

El objetivo general de esta Unidad de Aprendizaje es:

→ Practicar las técnicas aprendidas en el cierre de una venta a través de análisis de casos y ejercicios de simulación.

Los objetivos específicos de esta Unidad de Aprendizaje son:

→ Identificar los indicadores de comportamiento del cliente que denotan su disposición a tomar una decisión.

→ Demostrar cómo la personalización del servicio y el acceso a experiencias únicas justifican el costo adicional.

→ Preparar la llamada de seguimiento comercial para reafirmar la propuesta de valor y aclarar cualquier duda del cliente, desarrollando pautas para mantener la conversación centrada en el argumento de venta, eliminando interferencias que puedan surgir.

→ Analizar los indicadores clave que reflejan la disposición de un cliente para cerrar una venta.

1. Introducción

Al seguir un presupuesto presentado, la preparación de este contacto debe ser meticulosa; un simple error puede hacer que una venta prometedora se diluya rápidamente. Por tanto, se deben identificar los indicadores de comportamiento del cliente que denotan su disposición a tomar una decisión, lo que permite adaptar el enfoque seguido por el vendedor.

Este enfoque práctico no solo mejora el índice de éxito en el cierre de ventas, sino que también fortalece las habilidades comunicativas y de análisis crítico, esenciales en cualquier carrera dentro del sector de las ventas.

En el desarrollo del contenido de esta unidad seguiremos basándonos en el caso de Viajes Aurora, para demostrar cómo la personalización del servicio y el acceso a experiencias únicas justifican el costo adicional, preparar la llamada de seguimiento comercial para reafirmar la propuesta de valor y aclarar cualquier duda del cliente, identificar los indicadores de comportamiento del cliente que señalen su disposición para tomar una decisión, y transformar objeciones en oportunidades finales demostrando valor y solidificando la confianza del cliente.

2. Desarrollo de las pautas para mantener la conversación centrada en el argumento

👉 **HILO CONDUCTOR**

Como hemos visto en las unidades anteriores, el éxito de Aurora radica en comprender al cliente, ofrecer soluciones relevantes, manejar objeciones y guiarlo hacia la decisión de compra con una actitud positiva y un seguimiento adecuado; de ahí la importancia de mantener la conversación centrada en el argumento de venta, comprendiendo las necesidades del cliente y ofreciendo soluciones apropiadas, tal y como veremos a continuación.

El proceso de cierre de una venta puede verse obstaculizado por diversas interferencias que pueden surgir durante la interacción con el cliente. La eliminación de tales interferencias es crucial para maximizar la efectividad de las técnicas de cierre desarrolladas anteriormente.

2.1. Eliminación de interferencias

Eliminar las interferencias debe ser un punto que tener en cuenta por el agente, estas interferencias pueden ser:

Interferencias internas (agente)	Interferencias externas (cliente)
- Inseguridades (falta de preparación). - Estado de ánimo (nervios). - Mentalidad negativa que afecte el enfoque durante la negociación.	- Distracción (llamadas telefónicas, mensajes de texto o incluso la presencia física de otras personas durante la conversación de ventas). - Preocupaciones no expresadas del cliente (objeciones o falta de interés).

Mediante la **observación atenta,** una **respuesta eficaz** y la **flexibilidad en el enfoque,** las interferencias no deben ser vistas como una barrera, sino como una plataforma para conectar y fortalecer la fidelidad del cliente a largo plazo.

3. Análisis de casos y ejercicios de simulación

☞ HILO CONDUCTOR

Aurora puede beneficiarse del análisis de casos y ejercicios de simulación para identificar estrategias exitosas y evitar errores comunes en el cierre de ventas. Estos ejercicios ayudan a construir relaciones con los clientes, mejorar la comunicación, la adaptabilidad y la personalización.

En el mundo de las ventas, especialmente en el sector de las agencias de viajes, el estudio de situaciones reales y la práctica a través de simulaciones son herramientas esenciales para desarrollar habilidades efectivas en el cierre de ventas. Basándonos en lo aprendido sobre cómo eliminar obstáculos en la comunicación, este apartado busca profundizar en la comprensión y la aplicación de estas técnicas, utilizando escenarios y ejercicios que imitan situaciones reales.

Vamos a analizar dos escenarios con diferentes resultados para el estudio de casos:

- **Caso 1: Venta exitosa**
  - **Contexto:** María es una agente de viajes que recibe una consulta de una familia interesada en unas vacaciones en Europa. La familia tiene un presupuesto ajustado y necesidades específicas en cuanto a comodidades y actividades para niños.
  - **Acción:** María, habiendo identificado las necesidades de la familia, se mantiene abierta y flexible respecto a las opciones de paquetes, proponiendo un itinerario personalizable. Logra rápidamente establecer una conexión con la familia al hablar de experiencias similares que ha manejado.
  - **Resultado**: gracias a su enfoque personalizado y la escucha activa, María asegura la venta al presentar un plan que se ajusta a las aspiraciones y el presupuesto de la familia. Este caso resalta la importancia de la preparación y la empatía en el proceso de venta.

- **Caso 2: Venta fallida**
  - **Contexto:** Juan recibe una solicitud de información de una pareja joven que busca un destino de aventura para unas vacaciones de dos semanas. Sin embargo, Juan está más enfocado en cumplir con sus objetivos de ventas mensuales.
  - **Acción:** en lugar de explorar más sobre las preferencias y el estilo de viaje de la pareja, Juan se precipita al recomendar un paquete caro. No establece una relación en la que la pareja se sienta comprendida ni segura sobre el consejo que reciben.
  - **Resultado:** la pareja no se siente cómoda con el enfoque apresurado y decide buscar otras agencias. La lección aquí es clara: enfocar la venta solo en los aspectos cuantitativos y los objetivos personales puede alejar a los clientes potenciales.

NOTA

Los casos y las simulaciones ayudan a construir relaciones con los clientes, a mejorar la comunicación, la adaptabilidad y la personalización, preparando a los estudiantes para convertir prospectos en ventas.

3.1. Venta de un producto con un precio por encima en comparación con un producto similar de la competencia identificada

La venta de un producto cuyo precio es más alto que el de un producto similar de la competencia representa un desafío único pero frecuente en el sector de las agencias de viajes. Este reto, sin embargo, no es insuperable. Con las estrategias adecuadas no solo es posible justificar el costo adicional, sino también convencer al cliente de que está tomando la mejor decisión al optar por este producto más caro.

IMPORTANTE

El viaje del cliente no concluye al cerrar la venta; un elevado nivel de servicio posventa puede jugar a favor de justificar un precio superior. Garantizar que el cliente se sienta valorado a través de una atención continua y la resolución eficiente de cualquier inconveniente que pudiera surgir durante el disfrute del producto refuerza la percepción del precio como bien justificado.

3.2. Preparación de la llamada de seguimiento comercial para la toma de decisión sobre el presupuesto presentado al cliente previamente

La preparación meticulosa de la llamada de seguimiento, centrada en el cliente y en la propuesta de valor, es fundamental para avanzar hacia el cierre de la venta.

Preparación efectiva para la llamada de seguimiento:

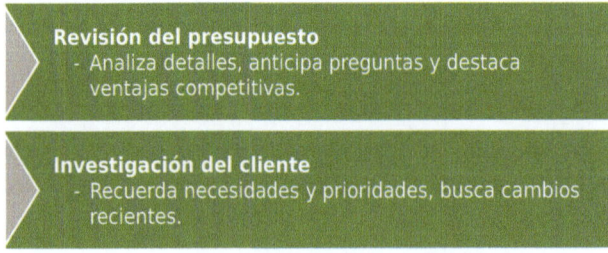

Revisión del presupuesto
- Analiza detalles, anticipa preguntas y destaca ventajas competitivas.

Investigación del cliente
- Recuerda necesidades y prioridades, busca cambios recientes.

Continúa en página siguiente >>

<< Viene de página anterior

Objetivo claro
- Define qué se busca lograr: aclarar dudas, negociar o cerrar la venta.

Respuestas y argumentos
- Anticipa objeciones y prepara respuestas con beneficios únicos.

Material de apoyo
- Ten a mano datos, testimonios y comparativas para reforzar argumentos.

Guion de la conversación
- Esboza puntos clave, preguntas y flujo de la llamada.

Preparación mental y técnica
- Mantén actitud positiva, escucha activa y verifica herramientas técnicas.

Flexibilidad y cierre
- Confirma la disponibilidad del cliente y prepara posibles rutas de salida ante rechazos o peticiones de cambio.

 APLICACIÓN PRÁCTICA

Laura, una agente de viajes, ha enviado un presupuesto detallado a Carlos, un cliente, para un viaje familiar a Disney World. El presupuesto incluye vuelos, alojamiento, entradas a los parques y un paquete de comidas. Han pasado dos días desde que Carlos recibió el presupuesto. ¿Qué acción debería llevar a cabo Laura para aumentar las posibilidades de cerrar la venta y asegurar la satisfacción de Carlos?

Solución

Preparar una llamada de seguimiento, repasando el presupuesto, investigando posibles objeciones sobre los precios de los vuelos y comparando los hoteles ofrecidos con otras opciones disponibles.

Continúa en página siguiente >>

<< Viene de página anterior

Laura ha tomado la decisión correcta al prepararse meticulosamente para la llamada de seguimiento. Al hacerlo, demuestra profesionalidad y compromiso con la satisfacción de Carlos. La preparación le permite abordar posibles objeciones, como las diferencias de precios en los vuelos o las opciones del alojamiento, y reafirmar el valor del paquete ofrecido. Esta acción es fundamental para avanzar hacia el cierre de la venta y construir una relación de confianza con Carlos.

3.3. Identificación de indicadores de comportamiento del cliente en la toma de decisión

Después de haber presentado el presupuesto al cliente, es vital mantener una comunicación continua que ayude a identificar indicadores de comportamiento (tanto verbales como no verbales), y utilizar esta información para adaptar la oferta a sus necesidades y cerrar la venta. Recordamos, con el siguiente esquema, los **indicadores clave** del comportamiento del cliente que hay que tener en cuenta para un cierre exitoso de las ventas:

- **Interacción y retroalimentación del cliente:** los clientes que responden rápidamente a correos electrónicos, mensajes o llamadas muestran un interés activo. En cambio, una respuesta tardía o apática podría indicar duda o desinterés. Por ejemplo, un cliente que pregunta sobre detalles específicos de un paquete turístico que ya se le presentó indica que está considerando seriamente esa opción.
- **Señales no verbales en reuniones presenciales o virtuales**: en las reuniones presenciales o virtuales, las señales no verbales actúan como potentes indicadores de comportamiento. La postura, el contacto visual y los gestos pueden comunicar mucho sobre el interés del cliente. Por ejemplo, un cliente que mantiene contacto visual, asiente con la cabeza o se inclina hacia adelante durante la conversación, generalmente está involucrado y comprometido.
- **Historial de compras y preferencias:** un cliente que suele elegir paquetes que incluyan actividades específicas, como visitas culturales o experiencias gastronómicas, probablemente se inclina por opciones que destaquen estas características. Al prever estos intereses, un agente de viajes puede adaptar mejor sus recomendaciones para alinearse con las expectativas del cliente y maximizar las posibilidades de cerrar una venta.
- **Consideraciones económicas y temporales:** observar cómo el cliente reacciona ante las discusiones relacionadas con costos puede ofrecer valiosos indicadores sobre su presupuesto y su disposición a invertir. Por

ejemplo, un cliente que pregunta rápidamente sobre opciones de financiamiento o muestra interés en promociones y descuentos puede estar buscando una solución asequible.

El tiempo también es un elemento crítico. Los clientes que muestran preocupación por la disponibilidad del servicio en una fecha específica o que mencionan una franja temporal urgente están claramente en una ventana de decisión limitada. Esto puede ser utilizado estratégicamente para cerrar la venta al enfatizar la escasez de plazas o la vigencia de ciertas ofertas.

- **Necesidades insatisfechas:** si en el proceso de interacción, el cliente expresa frustraciones o necesidades que no han sido abordadas, esto ofrece una oportunidad para ajustar la oferta y presentarla como la solución más apta, lo cual aumentará las probabilidades de una decisión afirmativa.

- **Uso de herramientas analíticas:** las agencias de viajes pueden utilizar *software* de análisis de datos para recolectar e interpretar patrones de comportamiento de los clientes, ya sea en línea o durante interacciones directas. Métricas como el tiempo que el cliente pasa en páginas web específicas, las ofertas o destinos más consultados, y las rutas de clics pueden indicar intereses específicos y su perfil de decisión.

 ## ACTIVIDAD COMPLEMENTARIA

3. Laura ha enviado un presupuesto detallado a Carlos, un cliente, para un viaje familiar a Disneyland París. El presupuesto incluye vuelos, alojamiento, entradas al parque y un paquete de comidas. Han pasado dos días desde que Carlos recibió el presupuesto y las plazas se acaban. Además, acaban de volver del mismo viaje unos clientes habituales de Carmen, a los cuales les hace un seguimiento posventa. Teniendo en cuenta la información anterior, lee el siguiente artículo para extraer dos técnicas de cierre de ventas que consideres que ayudarán a Laura a cerrar la suya. Accede al artículo desde aquí.

https://redirectoronline.com/hott040301

TAREA 3

Un cliente ha mostrado interés en un viaje a Japón y ha interactuado varias veces con la agencia. Durante la última conversación, mencionó lo siguiente:

El itinerario es justo lo que estaba buscando, pero aún no estoy seguro de reservar ahora. ¿Cuánto tiempo puedo mantener la reserva sin pagar la totalidad? ¿Podría pagar en varias cuotas o hay que abonar el importe completo de una vez?

Mi pareja y yo hemos viajado con ustedes antes y siempre hemos quedado encantados.

En otra agencia he visto algo parecido un poco más barato, pero no sé si la calidad será la misma.

Identifica cuatro indicadores clave del cliente que aparecen en la anterior conversación.

4. Resumen

El cierre de ventas en agencia de viajes requiere más que un buen producto y precio: exige dominar el arte de la persuasión y la ciencia de la estrategia.

Para lograrlo, es fundamental desarrollar habilidades de comunicación efectiva, aprendiendo a guiar la conversación, mantenerla centrada y libre de distracciones.

Al comenzar, se hace esencial señalar la necesidad de desarrollar estrategias que mantengan la discusión centrada e informada. Una conversación bien guiada es la base para conectar con el cliente, comprender sus necesidades y ofrecer soluciones apropiadas. Sin embargo, es igual de crítico abordar y eliminar cualquier factor que pueda interrumpir o desviar la atención de las partes implicadas en la negociación de los términos finales de una venta.

Por otro lado, la preparación de la llamada de seguimiento se convierte en un puente vital hacia el cierre efectivo de la venta. La práctica con análisis de casos y simulaciones permite a los vendedores perfeccionar sus técnicas y ganar confianza.

En este contexto, la siguiente secuencia visual representa los pasos clave que un agente de viajes debe dominar para cerrar sus ventas con éxito, desde mantener el enfoque en la conversación hasta interpretar las señales cruciales del cliente:

Mantener el enfoque	Participación en simulaciones de ventas	Preparar la llamada de seguimiento	Interpretar las señales del cliente

Ejercicios de autoevaluación
Unidad de Aprendizaje 3

1. **¿Cuál es uno de los desafíos más comunes al cerrar una venta, especialmente en el sector de las agencias de viajes?**

   a. Controlar las necesidades del cliente.
   b. Centrarse en los argumentos que interesan al vendedor.
   c. Mantener la conversación centrada en los argumentos que interesan al cliente.
   d. Evitar la escucha activa.

2. **¿Qué se debe hacer para eliminar las interferencias en un cierre de ventas exitoso en agencias de viajes?**

   a. Ignorar las objeciones del cliente.
   b. Crear un ambiente óptimo y usar la escucha activa para identificar necesidades.
   c. Centrarse solo en los objetivos de ventas mensuales.
   d. Centrarse en las emociones del cliente.

3. **¿Cuál es la clave más vital para vender un producto más costoso que el de la competencia?**

   a. Ofrecer descuentos agresivos.
   b. Entender el valor del producto y comunicarlo eficazmente.
   c. Ignorar los productos de la competencia.
   d. Presionar al cliente para que compre.

4. **¿Qué se debe hacer al preparar una llamada de seguimiento comercial después de presentar un presupuesto?**

   a. Asumir que el cliente aceptará el presupuesto sin preguntas.
   b. Revisar el presupuesto, investigar sobre el cliente y determinar el objetivo de la llamada.
   c. Evitar mencionar el precio para no incomodar al cliente.
   d. Tener en cuenta las posibles objeciones del cliente.

5. ¿Por qué es importante resaltar la exclusividad y la personalización al vender un producto más caro?

    a. Porque todos los clientes buscan lo mismo.

    b. Porque los productos exclusivos siempre son más baratos.

    c. Porque ofrece un nivel de exclusividad y personalización que los competidores no pueden igualar.

    d. Porque no es relevante para la decisión de compra del cliente.

Glosario

Atributo
Característica.

CRM *(customer relationship management)*
Sistemas tecnológicos para la recopilación y el análisis de datos del consumidor, que ayudan a entender patrones y adaptar estrategias de *marketing*.

Extrínsecos
Dentro del contexto de las agencias de viajes y de las características de un producto turístico, se refieren a la marca, el prestigio y los valores asociados al producto.

Feedback
Retroalimentación.

Indicadores
Elementos vitales para asistir en la toma de decisiones del cliente, especialmente después de presentar un presupuesto.

Intrínsecos
Dentro del contexto de las características del producto en el sector de agencias de viajes, los atributos intrínsecos se refieren a la calidad, la funcionalidad y los beneficios directos del producto turístico.

Interferencia
Entorpecimiento, obstrucción.

Lead
En un contexto comercial, se refiere al contacto con un cliente potencial, también conocido como un prospecto.

Motivaciones
Factores emocionales, psicológicos, prácticos y sociales que influyen en la decisión de compra del cliente.

Objeciones
Expresiones de resistencia por parte del cliente, que deben ser vistas como oportunidades para construir confianza y mejorar el servicio.

Persuasión
Estrategias utilizadas para influir en la decisión del cliente, como mostrar fotos de parejas felices en el destino u ofrecer experiencias exclusivas.

Prospecto
Cliente potencial o posible cliente.

Refutación
Proceso para clarificar y mejorar el producto o servicio ofrecido, viendo las objeciones como un paso hacia el cierre.

Reformulación
Herramienta fundamental para profundizar en las necesidades del cliente, clarificar dudas y objeciones, y guiar la conversación hacia el cierre de la venta.

Segmentación
Proceso de dividir a los clientes en grupos más pequeños basados en características comunes.

Servicio posventa
Atención continua y resolución eficiente de inconvenientes que puedan surgir, reforzando la percepción del precio como justificado.

Simulaciones
Recreación de situaciones de venta sin los riesgos de perder una venta real, permitiendo explorar diferentes enfoques y estrategias.

Similitud
Identificar los elementos comunes entre distintas opciones, reforzando lo conocido y confiable.

Valor percibido
Manera en que los clientes evalúan los beneficios de un producto o servicio en relación con su precio.

Bibliografía

Monografías

→ CIALDINI, R. B.: *Influence: The Psychology of Persuasion*. Nueva York: HarperCollins, 2007.

> Este libro explora los principios psicológicos que influyen en la persuasión y cómo se aplican en diversas situaciones, incluyendo las ventas y el *marketing*. Ofrece estrategias para ser más persuasivo y para defenderse de los intentos de persuasión de otros.

→ HOPKINS, T.: *How to Master the Art of Selling Anything*. Nueva York: Warner Business Books, 2007.

> Una guía práctica para dominar el arte de vender, con técnicas y consejos sobre cómo abordar las objeciones, cerrar ventas y construir relaciones duraderas con los clientes.

→ KOTLER, P.: *Dirección de marketing*. México: Pearson Educación, 2000.

> Un texto fundamental en el campo del *marketing*, que ofrece una visión completa de los principios y las estrategias de *marketing*, desde la segmentación del mercado hasta el desarrollo de productos y la gestión de marca.

→ KOTLER, P., & Armstrong, G.: *Marketing*. México: Pearson Educación, 2017.

> Una introducción accesible y actualizada a los conceptos clave del *marketing*, con ejemplos prácticos y estudios de caso que ilustran cómo las empresas utilizan el *marketing* para crear valor para sus clientes.

→ RACKHAM, N.: *SPIN Selling*. Nueva York: McGraw-Hill Education, 1988.

> Presenta el método SPIN *selling*, una técnica de venta consultiva que se centra en hacer las preguntas correctas para comprender las necesidades del cliente y ofrecer soluciones personalizadas. Esencial para vendedores que buscan construir relaciones a largo plazo con sus clientes.

→ TRACY, B.: *Psicología de ventas: Cómo vender más, más fácil y rápidamente de lo que alguna vez pensaste que fuese posible.* Miami, FL: Betania, 2005.

> Este libro explora los principios psicológicos que influyen en el proceso de ventas, ofreciendo estrategias prácticas para mejorar la comunicación, la persuasión y el cierre de ventas. Se centra en la importancia de comprender las motivaciones y las necesidades del cliente para lograr el éxito en las ventas.

→ ZIGLAR, H. H.: *Secretos para cerrar la venta.* Ciudad de México: Sélector S. A. De C. V., 2001.

> Ofrece consejos prácticos y estrategias motivacionales para superar las objeciones y cerrar ventas de manera efectiva. Se centra en la importancia de la actitud positiva, la persistencia y la construcción de relaciones de confianza con los clientes.

Textos electrónicos

→ Alexander Osterwalder, de:
<https://alexosterwalder.com/>

> Es uno de los expertos más prestigiosos en el mundo de los negocios, la innovación y el *marketing*. Fundó su propia consultora para la innovación de los modelos de negocios, businessmodeldesign.com, y cofundó strategyzer. com como compañía proveedora de soluciones informáticas que sirvan para crear modelos de negocio basados en su metodología, el famoso Business Model Canvas, su herramienta por excelencia.

→ SPIN Selling, de:
<https://www.efficy.com/es/spin-selling/>.

> Ofrece un resumen del libro de ventas *SPIN Selling* de Neil Rackham.